Die Freiheit eines Christenmenschen

Thesen und Texte
von Martin Luther

herausgegeben von Christian Zippert

Inhalt

Inhalt

Vorwort

Am 10. November 1483 wurde Martin Luther in Eisleben geboren. Im nahe gelegenen Ort Mansfeld ist er aufgewachsen. Nach seinem Besuch der Latein- und Domschule in Erfurt erwirbt er die Grade eines Baccalaureus und Magister artium der Erfurter Universität. Sein Berufsziel ist, Jurist zu werden.
Er ist ein sehr aufgeweckter Knabe, wahrscheinlich mit ganz besonders ausgeprägten Selbstzweifeln und Schuldgefühlen.
Ein Gewitter beeinflußt sein ganzes späteres Leben. Er gelobt, daß er ins Kloster gehen werde, wenn er es überlebe. Im Jahre 1505 tritt er als Novize ins Augustiner Kloster in Erfurt ein.
Von den Augustinern, besonders von Generalvikar Johann von Staupitz gefördert, erhält er 1507 die Priesterweihe, und er beginnt, Theologie zu studieren.
1512 promoviert er zum Doktor der Theologie und übernimmt – neben vielen Aufgaben im Orden – die Wittenberger Bibelprofessur.
Durch seine 95 Thesen gegen den Ablaßhandel, die er gegen Ende 1517 verschickt, löst er ungewollt weitreichende Turbulenzen aus.
Mit diesen Thesen legt er zunächst nur seinen Standpunkt dar, daß die Kirche, indem sie Sünden gegen Geld erlasse, ohne auf Reue und Buße zu bestehen, alle Gläubigen in falscher Sicherheit wiege.
Aber ohne auf seine Argumente einzugehen, will ihn der Papst durch seinen Gesandten zum Widerruf zwingen. Als Antwort auf die Bannandrohung verfaßt Luther die Schrift 'Von der Freiheit eines Christenmenschen'. Er verbrennt die päpstliche Bulle. Im Jahre 1521 wird er gebannt. Er verweigert auch vor dem Wormser Reichstag den Widerruf, worauf mit dem Wormser Edikt die Reichsacht über Luther verhängt wird. Doch er hat auch Glück. Unter dem Schutz seines Kurfürsten kann er auf der Wartburg das Neue Testament übersetzen. Der gerade erfundene Buchdruck sorgt dann für eine weitreichende

Verbreitung und Wirkung seiner Schriften und der 'Biblia Teutsch'. Seine um Klarheit und Verständlichkeit bemühte Sprache führte zur Durchsetzung der allgemeinen deutschen Hochsprache.
Bald kommt es zwischen ihm und den anderen Reformatoren, Erasmus von Rotterdam, Thomas Münzer und Ulrich Zwingli zu äußerst scharfen Kontroversen. Die Bauernkriege und das Auftreten der Wiedertäufer in Münster führen zu Exzessen. Viele deutsche Klöster stehen inzwischen leer, weil die Mönche und Nonnen sich gegen die Kirche wenden und Luthers Forderungen nach einer weitreichenden Erneuerung teilen.
Er selbst tritt 1524 aus dem Kloster aus und heiratet später die ehemalige Nonne Katharina von Bora. Der Ehe entstammen sechs Kinder.
Inzwischen ist die Kirchenspaltung weiter vorangetrieben. Martin Luther schreibt den Großen und Kleinen Katechismus, und er bereitet seine Gesamtausgabe der Bibelübersetzung vor. Auf dem Augsburger Reichstag von 1530 legen mehrere Stände ihr hauptsächlich von Melanchthon verfaßtes erstes Bekenntnis der Protestanten, die 'Confessio Augustana', vor.
In seinen letzten Lebensjahren ist Luther um den Ausbau der neuen Gemeinden bemüht. Alle wichtigen Entscheidungen, die den Protestantismus geprägt haben, gehen auf Luther zurück. Am 18. Februar 1546 stirbt er in Eisleben.

Rechtfertigung und Gnade

Der Mensch ist Sünder, und allein die Gnade Gottes kann ihn rechtfertigen, vorausgesetzt, er gibt sich in seinem Glauben voll und ganz dem Gericht Gottes anheim.
Wir können uns nicht durch Geld und nicht durch gute Werke unser Heil verdienen; die Hoffnung, uns eigenständig von der Sünde zu befreien, ist selbst schon schwerste Sünde.
Aus dieser Erkenntnis heraus ergab sich Luthers Wirkung.
Es ist eine Erkenntnis, die ihn zutiefst selbst betraf und eine erlösende Antwort auf die quälende Frage nach der Berechtigung seiner Existenz gab. Indem sie neue Fragen nach sich zog, wirkte sie auf Luthers ganze weitere Entwicklung.

Umfassende Umkehr

'Wahre Buße beginnt allein mit der Liebe zur Gerechtigkeit und zu Gott.'
Dieses Dein Wort haftete in mir 'wie der scharfe Pfeil eines Starken' (Psalm 120,4), und ich fing an, es der Reihe nach mit Schriftstellen zu vergleichen, welche von der Buße lehren. Und das war eine überaus angenehme Beschäftigung. Denn von allen Seiten kamen Worte auf mich zu, fügten sich ganz dieser Auffassung ein und schlossen sich ihr an.
Das Resultat war: wie es früher in der ganzen Schrift nichts Bittereres für mich gab als das Wort 'Buße' (freilich verstellte ich mich eifrig vor Gott und versuchte eine vorgespiegelte und erzwungene Liebe zu zeigen), kann mir jetzt nichts süßer und angenehmer in die Ohren klingen als das Wort 'Buße'.
Denn dann werden die Gebote Gottes süß, wenn wir erkennen, daß sie nicht bloß in Büchern, sondern in den Wunden des geliebten Heilands gelesen werden müssen.

Aus einem Brief vom 30. Mai 1518
an Johann von Staupitz

Christus wohnt nur in Sündern

Übrigens möchte ich wissen, was Deine Seele macht:
ob sie denn nicht endlich, ihrer eigenen Gerechtigkeit überdrüssig, lerne, in der Gerechtigkeit Christi wieder aufzuatmen und auf sie zu vertrauen.
Denn zu unserer Zeit brennt die Anfechtung der Vermessenheit bei vielen und besonders bei denen, welche sich mit allen Kräften gerecht und gut zu sein bemühen.
Sie kennen die Gerechtigkeit Gottes nicht, welche uns in Christus aufs reichlichste und umsonst geschenkt ist und suchen durch sich selbst so lange gute Werke zu tun, bis sie die Zuversicht haben, vor Gott bestehen zu können, gleichsam mit Tugenden und Verdiensten geschmückt, was doch unmöglich geschehen kann …
Daher, mein lieber Bruder, lerne Christus, und zwar den gekreuzigten, lerne ihm zu singen und an Dir selbst verzweifelnd zu ihm zu sprechen:
Du, Herr Jesus, bist meine Gerechtigkeit, ich aber bin deine Sünde; du hast das Meine auf dich genommen und mir das Deine gegeben; du hast angenommen, was du nicht warst, und mir gegeben, was ich nicht war.
Hüte Dich, daß Du niemals nach einer so großen Reinheit trachtest, daß Du Dir nicht als Sünder erscheinen oder gar kein Sünder sein willst.
Denn Christus wohnt nur in Sündern.
Denn deshalb ist er vom Himmel herniedergestiegen, wo er in Gerechten wohnte, damit er auch in Sündern wohnte. Diese seine Liebe erwäge immer wieder bei Dir, und Du wirst seinen überaus süßen Trost sehen. Denn wenn wir durch unsere Bemühungen und Trübsale zur Ruhe des Gewissens kommen müßten: wozu wäre er denn gestorben? Deshalb wirst Du nur in ihm, durch getroste Verzweiflung an Dir und Deinen Werken, Frieden finden.

Brief an Georg Spenlein
vom 8. April 1516

Von der Gerechtigkeit Gottes

Mit außerordentlicher Leidenschaft war ich davon besessen, Paulus im Brief an die Römer kennenzulernen. Nicht die Herzenskälte, sondern ein einziges Wort im ersten Kapitel (Vers 17) war mir bisher dabei im Wege: 'Die Gerechtigkeit Gottes wird darin (im Evangelium) offenbart.' Ich haßte nämlich dieses Wort 'Gerechtigkeit Gottes', weil ich durch den Brauch und die Gewohnheit aller Lehrer unterwiesen war, es philosophisch von der formalen oder aktiven Gerechtigkeit (wie sie es nennen) zu verstehen, nach welcher Gott gerecht ist und die Sünder und Ungerechten straft.
Ich konnte den gerechten, die Sünder strafenden Gott nicht lieben, im Gegenteil, ich haßte ihn sogar. Wenn ich auch als Mönch untadelig lebte, fühlte ich mich vor Gott doch als Sünder, und mein Gewissen quälte mich sehr. Ich wagte nicht zu hoffen, daß ich Gott durch meine Genugtuung versöhnen könnte. Und wenn ich mich auch nicht in Lästerung gegen Gott empörte, so murrte ich doch heimlich gewaltig gegen ihn: Als ob es noch nicht genug wäre, daß die elenden und durch die Erbsünde ewig verlorenen Sünder durch das Gesetz des Dekalogs mit jeder Art von Unglück beladen sind – mußte denn Gott auch noch durch das Evangelium Jammer auf Jammer häufen und uns auch durch das Evangelium seine Gerechtigkeit und seinen Zorn androhen? So wütete ich wild und mit verwirrtem Gewissen, jedoch klopfte ich rücksichtslos bei Paulus an dieser Stelle an; ich dürstete glühend zu wissen, was Paulus wolle.
Da erbarmte sich Gott meiner.
Tag und Nacht war ich in tiefe Gedanken versunken, bis ich endlich den Zusammenhang der Worte beachtete:
'Die Gerechtigkeit Gottes wird in ihm (im Evangelium) offenbart, wie geschrieben steht: Der Gerechte lebt aus dem Glauben.' Da fing ich an, die Gerechtigkeit Gottes als eine solche zu verstehen, durch

welche der Gerechte als durch Gottes Gabe lebt, nämlich aus dem Glauben. Ich fing an zu begreifen, daß dies der Sinn sei: durch das Evangelium wird die Gerechtigkeit Gottes offenbart, nämlich die passive, durch welche uns der barmherzige Gott durch den Glauben rechtfertigt, wie geschrieben steht: 'Der Gerechte lebt aus dem Glauben.'
Da fühlte ich mich wie ganz und gar neu geboren, und durch offene Tore trat ich in das Paradies selbst ein. Da zeigte mir die ganze Schrift ein völlig anderes Gesicht. Ich ging die Schrift durch, soweit ich sie im Gedächtnis hatte, und fand auch bei anderen Worten das gleiche, z. B.: 'Werk Gottes' bedeutet das Werk, welches Gott in uns wirkt; 'Kraft Gottes' – durch welche er uns kräftig macht; 'Weisheit Gottes' – durch welche er uns weise macht. Das gleiche gilt für 'Stärke Gottes', 'Heil Gottes', 'Ehre Gottes'.
Mit so großem Haß, wie ich zuvor das Wort 'Gerechtigkeit Gottes' gehaßt hatte, mit so großer Liebe hielt ich jetzt dies Wort als das allerliebste hoch. So ist mir diese Stelle des Paulus in der Tat die Pforte des Paradieses gewesen.

Aus der Vorrede zu Band I
der lateinischen Schriften
der Wittenberger Luther-Ausgabe
von 1545

Freiheit und Knechtschaft

Für beides gibt es eine doppelte Bedeutung, der doppelten Natur des Menschen entsprechend. Freiheit des Geistes oder des neuen Menschen ist die Loslösung vom alten Menschen und der Knechtschaft der Sünde. Freiheit des Fleisches oder des alten Menschen ist umgekehrt die Loslösung vom neuen Menschen und von der Knechtschaft der Gerechtigkeit. Knechtschaft des Geistes ist eben Freiheit des Geistes selbst, und Knechtschaft des Fleisches ist eben die Freiheit des Fleisches selbst. Und diese Begriffe unterscheiden sich nur durch den Blick auf Ausgangspunkt und Ziel.
Denn Freiheit ist im Blick auf die Sünde gesagt, von der sie befreit, und Knechtschaft im Blick auf die Gerechtigkeit, zu der sie hinführt. Daher ist die Überlegung derer töricht, die, wenn sie von der Freiheit von der Gerechtigkeit hören, sofort daraus folgern: Laßt uns also Böses tun und alles, was uns gefällt. Wenn sie nämlich durch die Befreiung von der Sünde glauben, ihnen sei ein Freibrief zum Sündigen gegeben, warum verstehen sie dann nicht auch unter Befreiung von der Gerechtigkeit, ihnen sei die Möglichkeit zur Gerechtigkeit gegeben, so daß sie, wie sie ohne Hemmungen gegenüber der Sünde waren, sagten: wir sind von der Gerechtigkeit befreit, also laßt uns Gerechtigkeit üben, so wie sie doch sagen: wir sind von der Sünde befreit, also laßt uns sündigen! Diese törichte Meinung aber wächst aus dem menschlichen Verständnis und der Auffassung von der eigenen Rechtfertigung, zu der man durch Werke gelangt, und so sind die Werke vor der Rechtfertigung. Denn die Rechtfertigung durch die Gnade ist notwendig für die Werke und geht allen Werken voraus. Wenn wir also vom Gesetz befreit sind, sollen wir dann etwa nicht weiter dienen? Das sei ferne!

Aus der Vorlesung von 1516/17
über den Galaterbrief

Ein kleiner Unterricht in den Evangelien

Es ist eine verbreitete Gewohnheit, daß man die Evangelien nach den Büchern zählet und nennet und sagt: Es gibt vier Evangelien.
Daher ists gekommen, daß man nicht weiß, was Paulus und Petrus in ihren Briefen sagen und ihre Lehre gleichsam als Zusatz zur Lehre der Evangelien geachtet wird ... Danach ist es eine noch ärgere Gewohnheit, daß man die Evangelien und Briefe gleichsam wie Gesetzbücher ansieht, darinnen man lehren soll, was wir tun sollen, und darin die Werke Christi uns nicht anders als ein Vorbild vor Augen gestellt werden. Wo nun diese zwei irrigen Meinungen im Herzen bleiben, da kann weder Evangelium noch Brief mit Nutzen und christlich gelesen werden, wir bleiben eitel Heiden wie vorher.
Darum soll man wissen, daß es nur ein Evangelium gibt, aber durch viele Apostel beschrieben.
Ein jeglicher Brief des Paulus und Petrus, dazu die Apostelgeschichte des Lukas ist ein Evangelium, wenn sie auch nicht alle Werke und Worte Christi erzählen, sondern das eine sie kürzer und weniger als das andere enthält. Ist doch auch der großen vier Evangelien keines, das alle Worte und Werke Christi enthält. Das ist auch nicht notwendig. 'Evangelium' ist und soll nichts anderes sein als eine Rede oder Erzählung von Christus ...
Das kann man auf mancherlei Weise beschreiben, der eine in der Länge, der andere in der Kürze ...
Das Hauptstück und der Grund des Evangeliums ist, daß du Christus zuvor, ehe du ihn dir zum Vorbild fassest, aufnehmest und erkennest als eine Gabe und Geschenk, das dir von Gott gegeben und dein eigen sei. So daß du, wenn du ihm zusiehest oder -hörest, daß er etwas tut oder leidet, nicht zweifelst, er selbst, Christus, sei mit solchem Tun und Leiden dein, worauf du dich nicht weniger verlassen kannst, als hättest du es getan, ja als wärest du derselbe Christus. Siehe, das heißt das Evangelium recht erkannt, das ist die überschwengliche Güte

Gottes, die kein Prophet, kein Apostel, kein Engel je hat voll beschreiben, kein Herz je genugsam bewundern und begreifen können. Das ist das große Feuer der Liebe Gottes zu uns, davon wird das Herz und Gewissen froh, sicher und zufrieden, das heißt den christlichen Glauben predigen. Davon heißt solche Predigt 'Evangelium', das besagt auf Deutsch so viel wie eine 'fröhliche, gute, tröstliche Botschaft', von welcher Botschaft die Apostel die zwölf Boten genannt werden …

Siehe, wenn du Christus so auffassest, als eine Gabe, dir zu eigen gegeben, und nicht daran zweifelst, so bist du ein Christ. Der Glaube erlöset dich von Sünden, Tod und Hölle, macht, daß du alle Dinge überwindest …

Wenn du nun Christus so zum Grund und Hauptgut deiner Seligkeit hast, dann folget das andere Stück, daß du ihn auch dir zum Vorbild fassest, und dich auch so deinem Nächsten zu dienen ergebest, wie du siehest, daß er sich dir ergeben hat. Siehe, da gehet dann Glaube und Liebe im Schwang, ist Gottes Gebot erfüllet, der Mensch fröhlich und unerschrocken, alle Dinge zu tun und zu leiden. Darum siehe eben darauf: Christus als eine Gabe nähret deinen Glauben und macht dich zum Christen. Aber Christus als ein Vorbild übet deine Werke. Die machen dich nicht zum Christen, sondern sie gehen von dir aus, der du schon vorher zum Christen gemacht bist. Wie sehr nun Gabe und Vorbild sich voneinander unterscheiden, so sehr unterscheiden sich auch Glaube und Werke.

Der Glaube hat nichts eigenes, sondern nur Christi Werk und Leben. Die Werke haben etwas Eigenes von dir, sollen aber auch nicht dein eigen, sondern des Nächsten sein.

Darum siehst du: 'Evangelium' ist nicht eigentlich ein Buch der Gesetze und Gebote, das von uns unser Tun fordere, sondern ein Buch der göttlichen Verheißungen, darin er uns alle seine Güter und Wohltat in Christus verheißet, anbietet und

gibt ... Er treibt und zwingt niemand, ja, er lehret auch so sanft, daß er mehr aufmuntert als gebietet ...
Wenn du nun das Evangelienbuch auftust, liesest oder hörest, wie Christus hier und dahin kommt oder jemand zu ihm gebracht wird, sollst du darin die Predigt oder das Evangelium vernehmen, durch welches er zu dir kommt oder du zu ihm gebracht wirst.
Denn das Evangelium predigen ist nichts anderes, als daß Christus zu uns kommt, oder wir zu ihm gebracht werden. Wenn du aber siehest, wie er wirkt und jedermann hilft, zu dem er kommt und die zu ihm gebracht werden, sollst du wissen, daß solches der Glaube in dir wirke, und er deiner Seele ebendieselbe Hilfe und Güte durchs Evangelium anbietet. Hältst du hier stille und läßt dir Gutes tun (d. h., wenn du es glaubest, daß er dir wohltue und helfe), so hast du es gewiß, so ist Christus dein und dir zur Gabe geschenkt. Danach ists not, daß du dir ein Vorbild daraus machest und deinem Nächsten auch so helfest und tust, damit du auch ihm zur Gabe und zum Vorbild gegeben seiest.

Theologie des Kreuzes

Luthers Art, die Bibel zu lesen, sein intensives und unbeirrbares Suchen nach dem rechten Sinn der Schrift, brachte ihn in Gegensatz zu der Theologie, die damals an den Universitäten gelehrt wurde.
Sie war seines Erachtens von einer falsch eingesetzten Philosophie auf Abwege gebracht worden. Seine Glaubensüberzeugung erwuchs aus dem Neuen Testament. Nicht der zürnende und richtende Gott des Alten Testaments war für ihn maßgeblich, sondern nur der leidende Christus, der am Kreuz gestorben ist für die Erlösung der Menschen.

Unter dem Gegenteil verborgen

Wer an das Evangelium glaubt, der muß schwach und töricht vor den Menschen werden, damit er in der Kraft und Weisheit Gottes mächtig und weise sei.
Daher heißt es I. Korinther I,27 und 25: 'Was schwach und töricht ist vor der Welt, das hat Gott erwählt, damit er, was stark und weise ist, zuschanden mache. Denn die göttliche Schwachheit und Torheit ist stärker und weiser als die Menschen sind.'
Wenn du also hörst, daß die Kraft Gottes vorschnell verworfen wird, so verstehe, daß es sich nur um die Kraft der Menschen oder der Welt und des Fleisches handelt.
Alle Tugend, Weisheit, Gerechtigkeit muß also verborgen, begraben werden, sie darf nicht hervortreten, ganz nach dem Bild und Beispiel Christi, der sich selbst wahrlich so entäußerte, daß er Macht, Weisheit und Güte vollkommen verbarg, und vielmehr Schwäche, Torheit und Mühsal zeigte. So muß auch der, der mächtig, weise, sanft ist, diese Eigenschaften so haben, als habe er sie nicht. Höchst anfällig ist daher das Leben der Fürsten der Welt und derer in öffentlichen Ämtern, wie auch derer, die sich durch Macht und Klugheit durchsetzen müssen.

Aus der Vorlesung von 1515/16 über den Römerbrief

Glauben ist schwer

'Glauben' heißt aber nicht, bloß davon reden und die Worte erzählen, sondern sich von Herzen auf das Wort verlassen und in Anfechtungen, in Gefahr des Todes, in Verfolgung gegen Menschen, Tod und Teufel trotzen und sagen: Wohlan, da steht die Verheißung, dabei bleibe ich und gebe daran Leib und Leben, Gut und Ehre und alles, was ich habe. Wenn man sich so auf das Wort und Verheißung Gottes von ganzem Herzen verläßt, das heißt Glaube.
Von solchem Glauben weiß die Welt nichts. O, was Glaube, sagt mancher, Glauben ist eine einfache und leichte Sache.
Aber, lieber Mann, ist es so einfach und leicht, so fange an und versuche es einmal, was du davon kannst, besonders dann, wenn der Teufel sich mit aller Macht wider dein Herz stellt und dich ängstet.
Da wirst du wohl erfahren, daß es Mühe und Anstrengung kostet, an Christus zu glauben, so daß du, wenn der Tod über dich kommt, sagen kannst: Ich fürchte mich dennoch nicht so sehr vor dir. Denn ich glaube an Jesus Christus und bin auf ihn getauft, deshalb steht mir der Himmel offen usw. Denn der Glaube wagt es getrost auf Christus, ist fröhlich und guter Dinge, fürchtet sich nicht vor dem Tode, erblaßt nicht vor Gottes Gericht.

Aus einer Predigt
zum Himmelfahrtstag

Werke verhelfen nicht zum Heil

1. Das Gesetz vermag, obgleich es die allerheilsamste Lehre zum Leben ist, den Menschen dennoch nicht zur Gerechtigkeit zu bringen, sondern steht diesem Ziel eher entgegen.
2. Noch viel weniger vermögen menschliche Werke, die mit Hilfe natürlicher Vernunft sozusagen 'beständig' wiederholt werden, dazu zu verhelfen.
3. Wenn auch menschliche Werke schön aussehen und gut erscheinen mögen, so gilt dennoch, daß sie Todsünden sind.
4. Wenn auch Gottes Werke immer mißgestaltet aussehen und übel erscheinen, sind sie dennoch den Tod überdauernde Verdienste.
5. Nicht in dem Sinne sind menschliche Werke (wir sprechen von den scheinbar guten) Todsünden, daß sie Verbrechen gleichzusetzen wären.
6. Nicht in dem Sinne sind Gottes Werke Verdienste (wir sprechen von denen, die durch Menschen geschehen), daß sie nicht zugleich Sünden sind.
7. Die Werke der Gerechten wären Todsünden, würden sie nicht von den Gerechten selbst in frommer Furcht Gottes wie Todsünden gefürchtet.
8. Menschenwerke sind dann erst recht Todsünden, wenn und insofern sie ohne Furcht und in völliger böser Selbstsicherheit geschehen.
9. Zu behaupten, ohne Christus geschehende Werke seien zwar tot, aber keine Todsünden, ist doch wohl eine gefährliche Preisgabe der Furcht Gottes.
10. Es ist ja allerdings auch kaum einzusehen, wieso ein Werk zwar tot, aber keine schädliche und todbringende Sünde sein soll.
11. Man kann eine falsche Selbsteinschätzung nur vermeiden und wahre Hoffnung kann nur da sein, wo man bei jedem Tun das Urteil der Verdammung fürchtet.
12. Sünden sind dann bei Gott wirklich läßlich, wenn der Mensch fürchtet, sie seien Todsünden.
13. Freiheit des Willens gibt es nach dem Sündenfall nur noch dem Namen nach, und sofern der freie

Wille tut, was an ihm ist, begeht er Todsünde.

14. Freiheit der Entscheidung zum Guten gibt es nach dem Sündenfall nur noch als ursprüngliche (aber vergangene) Möglichkeit des Willens. Zum Bösen vermag er sich jedoch noch jeden Augenblick zu wenden.

15. Auch im Stande der Unschuld vermochte er nicht etwa aus eigener Kraft zu verharren, sondern nur auf Grund seiner ursprünglichen Möglichkeit; erst recht vermochte er nicht im Guten Fortschritte zu machen.

16. Ein Mensch, der glaubt, er wolle dadurch zur Gnade gelangen, daß er tut, was in seinen Kräften steht, tut zu seiner alten Sünde neue hinzu und wird dadurch doppelt schuldig.

17. So zu reden heißt auch nicht, Anlaß zur Hoffnungslosigkeit zu geben, sondern nur zur Demut, und den Eifer zu erwecken, die Gnade Christi zu suchen.

18. Es steht fest, daß ein Mensch alle Hoffnung auf sich selbst aufgeben muß, um geeignet zu sein, die Gnade Christi zu erlangen.

19. Der ist nicht wert, ein Theologe zu heißen, der Gottes 'unsichtbares Wesen durch das Geschaffene erkennt und erblickt' (Römer 1,20).

20. Sondern nur der, der Gottes sichtbares und den Menschen zugewandtes Wesen durch Leiden und Kreuz erblickt und erkennt.

21. Der Theologe, der Gottes unverborgene Herrlichkeit sucht, nennt das Übel gut und Gutes übel, der Theologe des Kreuzes nennt die Dinge beim rechten Namen.

22. Die Weisheit, die Gottes unsichtbares Wesen durch das Geschaffene erkennt und erblickt, bläht auf, macht blind und verstockt.

23. Auch das Gesetz bewirkt den Zorn Gottes; es tötet, es verflucht, es verklagt, es verurteilt, es verdammt, was nicht in Christus ist.

24. Nun ist zwar jene Weisheit nicht schlecht und soll man das Gesetz nicht fliehen, aber der Mensch mißbraucht ohne die Theologie des Kreuzes die besten Dinge aufs schlechteste.

25. Nicht, wer viel Werke tut, ist

gerecht, sondern wer ohne Werk
viel an Christus glaubt.
26. Das Gesetz sagt: 'Tue das',
und es geschieht doch niemals.
Die Gnade sagt: 'Glaube an den',
und schon ist alles getan.
27. Mit Recht könnte man Christi
Tun als das eigentlich wirkende und
unseres als das bewirkte bezeichnen
und sagen, daß Gott das Bewirkte
so um des Tuns des Wirkenden
willen gefällt.
28. Die Liebe Gottes findet ihren
Gegenstand nicht vor, sondern
schafft ihn erst, menschliche Liebe
entsteht an ihrem Gegenstand.

Thesen der
Heidelberger Disputation von 1518

Jntitulentur libri
Hie stehe ich/Jch kan nicht anders/
Got helffe mir Amen.

Erneuerung der Kirche

Die Spaltung in Konfessionen, die aufgrund seiner vehementen Erneuerungsforderungen entstand, hatte der Reformator jedoch nicht vorhergesehen.
Erst die Folgen des Dreißigjährigen Krieges brachte die Vertreter beider Bekenntnisse dazu, die Existenz zweier eigenständiger Kirchen anzuerkennen.
Die kriegerischen Auseinandersetzungen zwischen Katholiken und den Anhängern seiner Lehre waren nicht in Luthers Sinn. Er plädierte für behutsame Veränderungen und hoffte lange, allein durch Gottes Wort würden sich die Menschen vom rechten Glauben überzeugen lassen.

Wege aus der babylonischen Gefangenschaft

Mit Recht habe ich also behauptet, daß die ganze Kraft der Messe in den Worten Christi liegt, mit denen er verspricht, daß die Vergebung der Sünden allen denen geschenkt werde, die da glauben, sein Leib sei für sie dahingegeben und sein Blut sei für sie vergossen.
Und deswegen ist für die, die die Messe hören wollen, nichts nötiger, als daß sie diese Worte fleißig und voll Glauben betrachten; tun sie das nicht, so ist alles andere umsonst.
Das ist allerdings wahr, daß Gott in der Regel zu jeder Verheißung ein Zeichen als ein Andenken oder Denkmal seiner Verheißung dazuzusetzen pflegt, damit sie um so treuer behalten würde und um so wirkungsvoller (an seine Verheißung) erinnerte. So hat Gott auch in der Messe, der wichtigsten aller Verheißungen, ein Zeichen als ein Denkmal der so großen Verheißung hinzugesetzt: seinen eigenen Leib und sein eigenes Blut in dem Brot und Wein, wie er sagt:
'Das tut zu meinem Gedächtnis'.

Ebenso fügt er auch in der Taufe zu den Worten der Verheißung als Zeichen das Untertauchen in das Wasser hinzu. Daraus erkennen wir, daß uns bei jeder Verheißung Gottes zweierlei angeboten wird:
das Wort und das Zeichen, so daß wir daraus ersehen, das Wort ist das Testament, das Zeichen aber das Sakrament. So ist auch in der Messe das Wort Christi das Testament, Brot und Wein aber sind das Sakrament. Und wie mehr Kraft in dem Wort als in dem Zeichen liegt, so auch mehr im Testament als im Sakrament. Denn der Mensch kann das Wort oder das Testament haben und gebrauchen ohne das Zeichen oder ohne das Sakrament.

Taufe und Abendmahl

Ja, wer kann alle Verheißungen Gottes zählen, wo doch die ganze Schrift nur darauf abzielt, uns zum Glauben zu reizen und uns einmal mit Geboten und Drohungen drängt und dann wieder mit Verheißungen und Tröstungen anlockt.
Alles, was geschrieben steht, ist entweder Gebot oder Verheißung; die Gebote demütigen die Hoffärtigen durch ihre Forderungen, die Verheißungen aber erhöhen die Gedemütigten durch ihre Vergebungen.
Wir haben aber gesehen, daß eigentlich nur die Verheißungen Sakramente genannt werden können, die mit Zeichen verbunden sind. Die anderen aber sind bloße Verheißungen, weil sie nicht an Zeichen gebunden sind. Daraus folgt, wenn wir streng reden wollen, daß es in der Kirche Gottes nur zwei Sakramente gibt: die Taufe und das Brot; denn allein bei diesen beiden sehen wir das aufgerichtete göttliche Zeichen und die Verheißung der Sündenvergebung.

Denn das Sakrament der Buße ... ermangelt eines sichtbaren und von Gott gestifteten Zeichens; es ist ... nichts anderes als ein Weg und eine Rückkehr zur Taufe.
Die Taufe, die wir dem ganzen Leben zueignen, ist in Wahrheit genug für alle Sakramente, die wir in unserem Leben gebrauchen sollen. Das Brot aber ist in Wahrheit das Sakrament der Sterbenden und von dieser Welt Abscheidenden, weil wir in ihm des Abschieds Christi von dieser Welt gedenken, um ihm nachzufolgen.
Laßt uns diese zwei Sakramente so aufteilen, daß die Taufe dem Anfang und dem ganzen Lebenslauf, das Brot aber dem Ende und dem Tode zugeteilt werde. Und ein Christ soll sie beide gebrauchen, solange er in diesem Leibe ist, bis er vollkommen getauft und gestärkt aus dieser Welt geht, geboren zu einem ewigen neuen Leben, wo er mit Christus im Reich seines Vaters essen wird ...

Unterscheid zwischen der waren Religion Christi/ und falschen Abgöttischen lehr des Antichrists in den fürnemsten stücken.

Glauben kann man nicht erzwingen

Wir sind allesamt zu dem Tod gefordert und wird keiner für den andern sterben. Sondern ein jeglicher wird in eigener Person für sich mit dem Tode kämpfen. In die Ohren können wirs wohl schreien, aber ein jeglicher muß für sich selber bereit sein in der Zeit des Todes: ich werde dann nicht bei dir sein noch du bei mir. Hierbei muß jedermann selbst die Hauptstücke, die einen Christen angehen, gut wissen und darin gerüstet sein, und das sind die:
Zum ersten, wie wir Kinder des Zorns sind und insbesondere all unsere Werke, Sinn und Gedanken nichts sind. Hierin müssen wir einen klaren starken Spruch haben, der solches bezeugt, wie es das Wort des Paulus Epheser 2,3 ist, das merket wohl (und obwohl ihrer viele sind in der Bibel, will ich euch aber nicht mit viel Sprüchen überschütten):
Wir sind alle Kinder des Zorns.
Zum zweiten, daß uns Gott seinen eingeborenen Sohn gesandt hat, auf daß wir an ihn glauben. Und der auf ihn vertrauen wird, soll von Sünde frei sein und ein Kind Gottes …
Zum dritten müssen wir auch die Liebe haben und durch die Liebe einander tun, wie uns Gott durch den Glauben getan hat, ohne welche Liebe der Glaube nichts ist …
Zum vierten ist uns auch not die Geduld …
Merk ein Gleichnis: Die Sonne hat zwei Dinge, den Glanz und die Hitze. Es ist kein König so stark, daß er den Glanz der Sonne biegen oder lenken könne, sondern der bleibt an seiner Stelle. Aber die Hitze läßt sich lenken und biegen und ist allwegs um die Sonne.
Ebenso muß der Glaube allezeit ganz unbeweglich in unsern Herzen bleiben und wir dürfen nicht davon weichen, sondern die Liebe beugt und lenkt sich, daß unser Nächster sie zu begreifen und ihr zu folgen vermag. Es sind etliche, die können gut rennen, etliche können gut laufen, etliche aber kaum kriechen. Darum müssen wir nicht unser Vermö-

gen, sondern das unseres Bruders betrachten, auf daß der Schwache im Glauben, so er dem Starken folgen wollte, nicht vom Teufel zerrissen werde …

Darum laßt uns unsern Nächsten Liebe erzeigen: werden wir das nicht tun, so wird unser Tun nicht bestehen; müssen wir doch auch eine Zeitlang mit ihnen Geduld haben und nicht den verwerfen, der noch schwach im Glauben ist, wieviel mehr etwas tun oder lassen, so es die Liebe erfordert und uns das nicht an unserm Glauben Schaden bringt … Der Glaube ist gegen Gott gerichtet, die Liebe mit Wohltun gegen den Menschen und Nächsten an der Liebe, wie wir sie von Gott ohne unser Verdienst und Werk empfangen haben.

Zwei Dinge sind also: das eine das Nötigste, das so geschehen muß und nicht anders. Das andere, das da frei ist und nicht notwendig, das mag man halten oder nicht, ohne Gefahr des Glaubens und der Hölle. In diesen zwei Dingen muß die Liebe mit dem Nächsten handeln, wie uns von Gott geschehen ist, und muß so die rechte Straße gehen, weder zu der linken noch zu der rechten Seite weichen. In den Dingen, die da sein müssen und vonnöten sind, handelt die Liebe dennoch so, daß sie nicht zwinget oder zu streng verfährt …

Warum? Ich habe ihre Herzen nicht in meiner Gewalt oder Hand wie der Töpfer den Ton, mit ihm nach meinem Gefallen zu schaffen.

Ich kann nicht weiter kommen als bis zu den Ohren, ins Herz kann ich nicht kommen: dieweil ich also den Glauben nicht ins Herz gießen kann, so kann noch soll ich niemand dazu zwingen noch dringen, denn Gott tut das alleine und macht, daß es im Herzen lebt.

Darum soll man das Wort frei lassen und nicht unser Werk dazu tun: wir haben wohl das Recht des Wortes, aber nicht die Ausführungsgewalt. Das Wort sollen wir predigen, aber was daraus folgt, soll allein in Gottes Gefallen stehen …

Wer da folgen wollte, der folge,

wer nicht wollte, bleibe draußen. Unterdessen fiele das Wort tief in das Herze und wirket, so wird jetzt der eine gefangen und bekennt sich schuldig, ... morgen kommt ein anderer. So wirkt Gott mit seinem Wort mehr, als wenn Du und ich alle Gewalt auf einen Haufen zusammenbringen.
Wenn Du das Herz gewonnen hast, so hast Du ihn ganz gewonnen: so muß dann das Ding zuletzt von selbst zerfallen und aufhören ...
Wo nicht Gemüt und Herz aller dabei ist, da laß Gott walten und unterlasse die Neuerungen, da bitte ich Dich drum, Du schaffst nichts Gutes ...
Summa summarum: predigen will ichs, sagen will ichs, schreiben will ichs. Aber zwingen, mit Gewalt dringen will ich niemand, denn der Glaube will willig, ungenötigt angenommen werden.
Nehmt Euch ein Beispiel an mir. Ich bin dem Ablaß und allen Papisten entgegen gewesen, aber mit keiner Gewalt, ich habe allein Gottes Wort getrieben, gepredigt und geschrieben, sonst habe ich nichts getan. Das hat, wenn ich geschlafen habe, wenn ich Wittenbergisch Bier mit meinem Philipp und Amsdorff getrunken habe, so viel getan, daß das Papsttum so schwach geworden ist, daß ihm noch nie ein Fürst noch Kaiser so viel Abbruch getan hat. Ich hab nichts getan, das Wort hat es alles gewirkt und ausgerichtet.

Trost aus dem Glauben

Martin Luther war nicht nur ein wortgewaltiger Kämpfer für den rechten Glauben, der wenig zimperlich mit seinen Gegnern umsprang.
Er war auch ein sehr zartfühlender und empfindsamer Mensch, der um die letzten Dinge wußte und Trost zu spenden verstand; Trost, der Tod und Kummer nicht schönfärbte, aber in ein hoffnungsvolles Licht rückte.
Es ging ihm nicht so sehr um die Anerkennung der Gelehrten und Kleriker.
Er war stolz, daß er als ein religiöser Volksschriftsteller galt. Ihm war es wichtig, von den einfachen Leuten verstanden zu werden; deshalb schrieb er oft in ihrer Sprache und nicht in dem in Kirche und Schule üblichen Latein – mochten andere ruhig die Nase rümpfen.
So verdanken wir ihm eine Reihe einfühlsamer Lieder und Betrachtungen, Predigten und Fabeln, und viele Briefe bezeugen den Reichtum seiner Beobachtungen und seiner Ausdrucksweise.

Ein feste Burg

Ein feste Burg ist unser Gott,
ein gute Wehr und Waffen.
Er hilft uns frei aus aller Not,
die uns jetzt hat betroffen.
Der alt böse Feind
mit Ernst ers jetzt meint;
groß Macht und viel List
sein grausam Rüstung ist,
auf Erd ist nicht seinsgleichen.

Mit unser Macht ist nichts getan,
wir sind gar bald verloren,
es streit für uns der rechte Mann,
den Gott hat selbst erkoren.
Fragst du, wer der ist?
Er heißt Jesu Christ,
der Herr Zebaoth,
und ist kein ander Gott,
das Feld muß er behalten.

Das Wort sie sollen lassen stahn
und kein Dank dazu haben;
er ist bei uns wohl auf dem Plan
mit seinem Geist und Gaben.
Nehmen sie den Leib,
Gut, Ehr, Kind und Weib,
laß fahren dahin,
sie habens kein Gewinn,
das Reich muß uns doch bleiben.

Mitten im Leben

Mitten wir im Leben sind mit dem Tod umfangen.
Wen suchen wir, der Hilfe tu, daß wir Gnad erlangen?
Das bist du, Herr, alleine.
Uns reuet unser Missetat, die dich, Herr, erzürnet hat.
Heiliger Herre Gott,
heiliger starker Gott, heiliger barmherziger Heiland,
du ewiger Gott,
laß uns nicht versinken in des bittern Todes Not.
Kyrieleison.

Mitten in dem Tod anficht uns der Höllen Rachen.
Wer will uns aus solcher Not frei und ledig machen?
Das tust du, Herr, alleine.
Es jammert dein Barmherzigkeit unser Klag und großes Leid.
Heiliger Herre Gott,
heiliger starker Gott, heiliger barmherziger Heiland,
du ewiger Gott,
laß uns nicht verzagen vor der tiefen Höllen Glut.
Kyrieleison.

Mitten in der Höllen Angst unser Sünd uns treiben.
Wo solln wir denn fliehen hin, da wir mögen bleiben?
Zu dir, Herr Christ, alleine.
Vergossen ist dein teures Blut, das gnug für die Sünde tut.
Heiliger Herre Gott,
heiliger starker Gott, heiliger barmherziger Heiland,
du ewiger Gott,
laß uns nicht entfallen von des rechten Glaubens Trost.
Kyrieleison.

Gott sieht in die Tiefe

Denn gleich wie er im Anfang aller Kreaturen die Welt aus nichts schuf, davon er 'Schöpfer' und 'allmächtig' heißet, so bleibt er unverändert dabei, auf solche Art zu wirken, und alle seine Werke bis ans Ende der Welt sind noch so beschaffen, daß er aus dem, das nichts, gering, verachtet, elend, tot ist, etwas Kostbares, Ehrenvolles, Seliges und Lebendiges macht. Umgekehrt macht er alles, was etwas, kostbar, ehrenvoll, selig, lebendig ist, zunichte, gering, verachtet, elend und sterbend. Auf diese Weise kann keine Kreatur wirken, sie vermag nicht etwas aus nichts zu machen. Seine Augen sehen so nur in die Tiefe, nicht in die Höhe, wie Daniel (im Gesang der drei Männer im Feuerofen) sagt: 'Du sitzest über den Cherubim und siehest in die Tiefe', und Psalm 138,6:
'Der Herr ist hoch und siehet auf das Niedrige und die Stolzen kennet er von ferne.' ... Denn dieweil er der Allerhöchste und nichts über ihm ist, kann er nicht über sich sehen, kann auch nicht neben sich sehen. Dieweil ihm niemand gleich ist, muß er notwendig in sich selbst und unter sich sehen, und je tiefer jemand unter ihm ist, desto besser sieht er ihn.
Aber die Welt und die Menschenaugen tun das Gegenteil, sie sehen nur über sich, wollen unbedingt hoch fahren ... Das erfahren wir täglich, wie jedermann nur über sich hinaus zur Ehre, zur Gewalt, zum Reichtum, zur Gelehrsamkeit, zu gutem Leben und allem, was groß und hoch ist, hinstrebt. Und wo solche Menschen sind, denen hängt jedermann an, da läuft man hinzu, da dienet man gern, da will jedermann sein und der Höhe teilhaftig werden, so daß nicht umsonst so wenig Könige und Fürsten in der Schrift als fromm beschrieben sind. Umgekehrt will niemand in die Tiefe sehen, wo Armut, Schmach, Not, Jammer und Angst ist, davon wendet jedermann die Augen ab. Und wo solche Leute sind, davon läuft jedermann weg, da fliehet, da scheuet, da verläßt

man sie und denkt niemand daran, ihnen zu helfen, beizustehen und zu machen, daß sie auch etwas sind. Sie müssen so in der Tiefe und niedrigen, verachteten Masse bleiben. Es ist hier kein Schöpfer unter den Menschen, der aus dem Nichts etwas machen wolle ...
Darum bleibt Gott allein solch Ansehen, das in die Tiefe, Not und Jammer siehet, und er ist allen denen nahe, die in der Tiefe sind, wie I. Petrus 5,5 sagt: 'Den Hohen widerstehet er, den Niedrigen gibt er eine Gnade.'
Und aus diesem Grund fließt nun die Liebe und das Lob Gottes.
Es kann ja niemand Gott loben, er habe ihn denn zuvor lieb. Ebenso kann ihn niemand lieben, er sei ihm denn aufs lieblichste und allerbeste bekannt.
Ebenso kann er uns nicht so bekannt werden, außer durch seine Werke, die er an uns erzeigt, die wir gefühlt und erfahren haben.
Wo aber erfahren wird, wie er ein solcher Gott ist, der in die Tiefe siehet und nur den Armen, Verachteten, Elenden, Jammervollen, Verlassenen hilft und denen, die gar nichts sind, da wird er dem Menschen so von Herzen lieb, da geht das Herz über vor Freuden, hüpft und springt vor großem Wohlgefallen, das es an Gott bekommen hat.
Und da ist dann der heilige Geist, der hat solch überschwengliche Kunst und Lust in einem Augenblick durch die Erfahrung gelehrt.

Ich aber darf in dein Haus gehen

Ich aber, der ich wohl weiß, daß ich vor dir und deinen Gerichten nicht sicher sein kann, gebe die Hoffnung auf mich selbst auf und nähere mich deinem Tempel, um mich vor dich hinzustellen, so, daß ich allein deine Barmherzigkeit vor Augen habe, die groß, ja unermeßlich ist. Im Blick auf sie allein fasse ich Zuversicht und bin sicher, wie Psalm 26,3 sagt: 'Denn deine Güte ist mir vor Augen, und ich wandle in deiner Wahrheit.' Im Vertrauen hierauf aber will ich kommen und will dich in deinem Tempel anbeten, aber in Furcht vor dir, nicht in der vermessenen Annahme, durch mich selbst dir gefallen zu können.
Ja, ich will vielmehr fürchten, daß mein Gehorsam und mein Anbeten Tadel verdient. Durch diese Furcht werde ich dir deine Ehre erhalten, und mir meine Demut behüten. Denn ich rechtfertige mich nicht selbst, sondern erwarte demütig dein furchtbares Gericht in der Hoffnung auf deine vergebende Barmherzigkeit.

Vorlesung von 1518/21
über Psalm 5,8

Einen andern Grund kann niemand legen
außer dem, der gelegt ist, welcher ist
JESUS CHRISTUS
A.D. 1547
A.D. 1928

Aus tiefer Not

Aus tiefer Not schrei ich zu dir,
Herr Gott, erhör mein Rufen.
Dein gnädig Ohren kehr zu mir
Und meiner Bitt sie öffen.
Denn so du willst das sehen an,
was Sünd und Unrecht ist getan,
wer kann, Herr, vor dir bleiben?
Bei dir gilt nichts denn Gnad und Gonst,
die Sünden zu vergeben;
es ist doch unser Tun umsonst
auch in dem besten Leben.
Vor dir niemand sich rühmen kann,
des muß dich fürchten jedermann
und deiner Gnaden leben.
Darum auf Gott will hoffen ich,
auf mein Verdienst nicht bauen;
auf ihn mein Herz soll lassen sich
und seiner Güte trauen,
die mir zusagt sein wertes Wort;
das ist mein Trost und treuer Hort,
des will ich allzeit harren.
Und ob es währt bis in die Nacht
und wieder an den Morgen,
doch soll mein Herz an Gottes Macht
verzweifeln nicht noch sorgen.
So tu Israel rechter Art,
der aus dem Geist erzeuget ward,
und seines Gotts erharre.

Furcht und Hoffnung

Wer Gott nicht fürchtet, der ruft nicht, dem wird auch nicht vergeben. Damit man Gottes Gnade erlange, ist er deshalb zu fürchten und allein zu fürchten, gleichwie er allein vergibt.
Denn wer etwas anderes fürchtet als Gott, der begehrt dieses andern Gunst und Gnade und fragt nicht nach Gott. Wer aber Gott fürchtet, der begehrt seine Gnade und fragt nicht nach allem dem, das nicht Gott ist. Denn er weiß, daß ihm niemand etwas tut, wenn Gott ihm gnädig ist.
Gott ist so wundersam bei seinen Kindern, daß er sie gleichsam mit einander widersprechenden und nicht zueinander passenden Dingen selig macht, denn Hoffnung und Verzweiflung sind einander entgegengesetzt. Dennoch müssen sie in dem Verzweifeln hoffen, denn Furcht ist nichts anderes als ein beginnendes Verzweifeln und Hoffnung ein beginnendes Genesen, und die zwei ihrer Natur nach sich widersprechenden Dinge müssen in uns sein, deshalb, weil zwei in ihrer Natur einander entgegengesetzte Menschen in uns sind, der alte und der neue. Der alte muß sich fürchten und verzagen und untergehen, der neue muß hoffen und bestehen und erhoben werden, und diese beiden geschehen in einem Menschen, ja in einem Werk zugleich, gleich wie ein Bildhauer, eben indem er wegnimmt und abhaut, was am Holze nicht zum Bilde gehören soll, gerade auch die Form des Bildes fördert. So wächst in der Furcht, die den alten Adam abhaut, die Hoffnung, die den neuen Menschen formet.

Aus einer Predigt über Psalm 130

Stark durch Schwäche

Meine liebe Frau, ich höre sagen, wie Euer Herz große Anfechtung im Glauben leide. Das ist mir leid, und ich bitte Gott, daß er Euch gnädig stärken wolle, wie mir denn nicht zweifelhaft ist, daß er es mit der Zeit tun wird. Ergebet Euch allein, wie Ihr wißt, in seinen Willen, ob er Euch noch eine Weile wolle so lassen und haben, und bedenket, daß Schwachglaube auch ein Glaube ist, und Christus den Schwachen so nahe ist wie den Starken, wie Paulus Römer 14,4 sagt, daß an Christus selbst gesündigt wird, da man der Schwachen nicht schont. Und Paulus befiehlt allenthalben, die Schwachen anzunehmen, woraus man wohl merken kann, daß die Schwachen auch Christus im Schoße sitzen. Und danket Gott, daß Ihr doch so weit gekommen seid, daß Ihr Eure Schwachheit fühlt, denn das ist ein gutes Zeichen eines gewissen Glaubens bei Euch. Wehe denjenigen, die ganz verändert sind und nichts fühlen! Darum seid getrost, wie Joel 4,10 sagt: 'Der Schwache soll sagen: ich bin stark', und Paulus 2. Korinther 12,10: 'Wenn ich schwach bin, so bin ich stark'. Es muß so sein. Ich habe auch oft die Krankheit gelitten, daß ich meinte, es wäre weder Gott noch Christus etwas, daß mich wunderte, wie mir solches widerführe, da ich dessen alles sicherer war als meines eigenen Lebens. Gott versucht uns so, er verläßt uns aber nicht. Das ist besser als Ärgeres, da doch gelitten sein muß. Hiermit befehle ich Euch Christus, der Euch schwach macht in Eurer eigenen Kraft, auf daß er Euch stärke in seiner Kraft. Amen.

Brief an eine unbekannte Frau
vom 31. Juli 1525

J. N. J.

Die Heilige Bibel

nach S. Herrn D. MARTINI LUTHERI
Deutscher Dolmetschung/ und Erklärung/
vermöge des Heil. Geistes/
im Grund-Text/
Richtiger Anleitung der Cohærentz,
Und der gantzen Handlung eines jeglichen Texts/
Auch Vergleichung der gleichlautenden Sprüche/ enthaltenen
eigenen Sinn und Meinung/
Nechst ordentlicher Eintheilung eines jeden Buches und Capitels/
und Erwegung der nachdrücklichen Wort/ und Redens-Art
in der Heil. Sprache/
sonderlich aber
Der Evangelischen allein seligmachenden Warheit/
gründ- und deutlich erörtert/
und mit Anführung
Herrn LUTHERI deutschen/ und verdeutschten Schrifften/
also abgefasset/
daß der eigentliche Buchstäbliche Verstand/
und gutes Theils auch
der heilsame Gebrauch der Heil. Schrifft
fürgestellet ist/
Mit grossem Fleiß/ und Kosten ausgearbeitet/
und verfasset/
von
D. ABRAHAM CALOVIO,
Im Jahr Christi CIↃ IↃC XXCI.
welches ist das 1681
5681ste Jahr/ von Erschaffung der Welt.
Zu Wittenberg/
Nicht uns HERR/ nicht uns/ sondern deinem Namen gib Ehre/
umb deiner Gnade und Warheit!

Gedruckt in Wittenberg/ bey Christian Schrödtern/ der Univ. Buchdr.

27911

JSBach.
1733

Aus den 95 Thesen von 1517

1. Als unser Herr und Meister Jesus Christus sagte: 'Tut Buße' usw. (Mt 4,17; Mk 1,15) wollte er, daß das ganze Leben der Gläubigen Buße sei.
6. Der Papst kann Schuld nur vergeben, indem er erklärt und bestätigt, daß sie von Gott vergeben sei, jedenfalls in den Fällen, die ihm vorbehalten sind. Würde man dies mißachten, so bliebe die Schuld ganz und gar bestehen.
7. Überhaupt vergibt Gott keinem die Schuld, den er nicht zugleich gänzlich gedemütigt dem Priester, seinem Stellvertreter, unterwirft.
10. Diejenigen Priester handeln unwissend und übel, die den sterbenden Menschen kirchliche Bußstrafen für das Fegefeuer aufsparen.
21. Deshalb irren die Ablaßprediger, die da sagen, daß durch des Papstes Ablaß der Mensch von aller Strafe befreit und selig werde.
22. Vielmehr erläßt er den Seelen im Fegefeuer keine einzige Strafe, die sie, gemäß den kirchlichen Satzungen, in diesem Leben hätten abbüßen müssen.
23. Wenn ein Erlaß überhaupt aller Strafen jemandem gewährt werden kann, so ist gewiß, daß er allein den Vollkommenen, d. h. den Allerwenigsten gegeben werden kann.
24. Darum muß der größere Teil des Volkes betrogen werden durch diese unterschiedslose und großtuerische Verheißung, daß sie von der Strafe erlöst seien.
27. Die predigen Menschenlehre, die da sagen: Sobald das Geld im Kasten klingt, die Seele aus dem Fegefeuer springt.
32. Es werden samt ihren Lehrern in Ewigkeit verdammt sein, die da glauben, durch Ablaßbriefe ihres Heils gewiß zu sein.
37. Jeder wahre Christ, er sei lebendig oder tot, ist durch Gottes Geschenk, auch ohne Ablaßbriefe, aller Güter Christi und der Kirche teilhaftig.

43. Man lehre die Christen, daß, wer dem Armen gibt oder dem Bedürftigen leiht, besser tut, als wenn er Ablaß löst.
72. Wer aber gegenüber den mutwilligen und frechen Worten des Ablaß-predigers wachsam ist, der sei gesegnet.
75. Zu meinen, der päpstliche Ablaß sei so groß, daß er einen Menschen auch dann lossprechen könnte, wenn er – was doch unmöglich ist – die Mutter Gottes vergewaltigt hätte, das ist Wahnsinn.
76. Wir sagen dagegen, daß der päpstliche Ablaß auch nicht die kleinste läßliche Sünde wegnehmen kann, was deren Schuld betrifft.
81. Diese unverschämte Ablaßpredigt macht es auch den gelehrten Männern schwer, dem Papst die gebührende Ehrerbietung, angesichts böswilliger Kritik und gewiß spitzfindiger Fragen der Laien, zu verschaffen.
94. Man ermahne die Christen, daß sie ihrem Haupte Christus durch Leiden, Tode und Höllen nachzufolgen trachten
95. und also darauf mehr vertrauen, 'durch viele Trübsale' in Gottes Reich einzugehen (Apg 14,22) als durch vermeintlich sicheren Frieden.

Literaturnachweis

Die Werke Martin Luthers in neuer Auswahl für die Gegenwart.
Zehn Bände und ein Registerband. Hrsg. von Kurt Aland.

Wir danken für die freundlich erteilte Genehmigung zum Abdruck der ausgewählten Texte.

Fotonachweis

Seite 3: Luther als Mönch (sw); Lucas Cranach d.Ä. (Werkstatt)/bpk
Seite 9: Lutherstube im Lutherhaus Wittenberg; Jürgens/bpk
Seite 13: Luther verbrennt Bannbulle; Holzschnitt; Ludwig Rabus/AKG
Seite 17: Luther übersetzt die Bibel; Gemälde; Gustav Adolf Spangenberg/bpk
Seite 21, Titel: Luther predigend; Lucas Cranach d.J./AKG
Seite 25: Luther auf dem Reichstag in Worms; Holzschnitt; Ludwig Rabus/AKG
Seite 29: Gegenüberstellung Lutherischer/Katholischer Glaubenslehre; Lucas Cranach d.J./AKG
Seite 33: Luther im Weinberg; Allegorie; Paul Weber/AKG
Seite 37: Luther im Kreise seiner Familie; Gemälde; Gustav Adolf Spangenberg/AKG
Seite 41: Altar der Wittenberger Stadtkirche; Lucas Cranach d.Ä./AKG
Seite 45: Titelseite der Luther-Bibel (Druck 1681); bpk

Printed in Germany
Schrift: Futura
Gestaltung: Brigitte Schultze-Pollmeier, Bielefeld
Reproduktion: Peter Karau, Bochum
Satz und Druck: Phil. Baltin GmbH + Co., Gevelsberg
Einband: Hollmann GmbH, Darmstadt
ISBN 3 7811 5780 6